Les enfants découvrent...

les moyens de locomotion

TIME
LIFE
JEUNESSE

Contenu

Comment peut-on tenir sur un vélo sans tomber?

RÉPONSE Il y a un secret: il faut se tenir bien droit et pédaler tout le temps; le vélo ne doit jamais s'arrêter. Si tu t'arrêtes de pédaler, tu tombes!

Ce qu'il faut faire

À ne jamais faire

ESSAIE

Le test de la pièce

Lance une pièce pour la faire rouler sur la tranche.
Au début, elle roule très bien et très vite.
Mais, dès qu'elle ralentit, elle vacille...
et elle tombe.

• Pour les parents

La première bicyclette (la draisienne) est apparue à la fin du XVIIIe siècle. Elle était très rudimentaire — une paire d'échasses, montée sur deux roues de bois, sur laquelle on se mettait à califourchon pour se propulser en poussant des pieds sur le sol. Ensuite des poignées lui furent ajoutées, pour orienter la roue avant, puis des pédales, pour actionner la roue arrière, et enfin tout ce qui en fit la bicyclette actuelle. Du fait de la position élevée de son centre de gravité, la bicyclette est un objet instable: à l'arrêt, elle tombe instantanément du côté du poids le plus important. Quand elle roule, son équilibre est assuré par le déplacement de son centre de gravité vers l'avant, le guidon jouant, en quelque sorte, le rôle de balancier.

La famille des cycles

▲ Il existe des monocycles de toutes les tailles — depuis les tout-petits jusqu'à de très très grands.

▶ Ici, chacune des roues a sa taille à elle.

▼ Le quadricycle, lui, ne tombe jamais.

▲ Ce tandem-side-car permet à ses propriétaires d'emmener en promenade tous leurs petits amis.

De quel côté roulent les voitures?

RÉPONSE

Ça dépend de l'endroit où l'on roule. Dans la plupart des pays, on roule à droite; mais il y en a certains où il est obligatoire de rouler sur la partie gauche de la route.

Aux États-Unis et en France, on roule à droite.

En Grande-Bretagne et au Japon, on roule à gauche.

Le volant aussi change de côté

En France et aux États-Unis, le volant est à gauche.

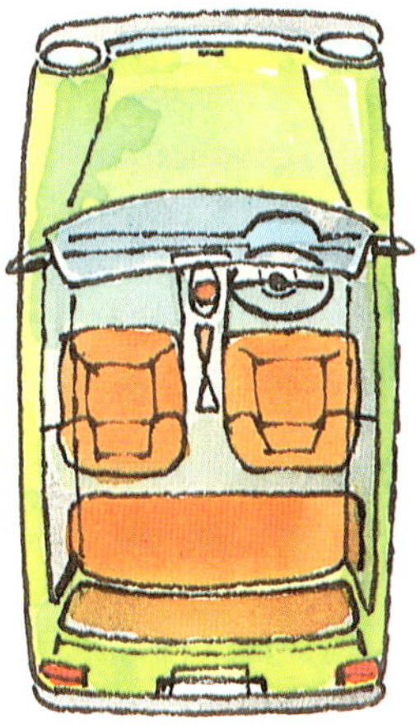

En Grande-Bretagne et au Japon, le volant est à droite

Le conducteur doit voir arriver les véhicules qui viennent en sens inverse.

• Pour les parents

Aux États-Unis, sur les anciennes carrioles et diligences, la place du conducteur était située sur la gauche du véhicule, de sorte que l'habitude fut prise de rouler sur la partie droite de la route, afin de mieux voir les véhicules arrivant en face; les premières voitures sorties des usines américaines eurent ainsi le volant à gauche et les règles de circulation furent établies en fonction de cette habitude. La tradition de rouler à droite existait également dans différents pays, dont la France; d'autres encore l'adoptèrent lorsque les usines américaines se mirent à produire et à exporter des voitures en série. Certains optèrent, en revanche, pour la coutume britannique de la conduite à gauche. Dans ce livre, on trouvera des exemples des deux situations.

À quoi servent les feux tricolores?

RÉPONSE Les feux tricolores placés aux carrefours des routes très fréquentées indiquent, à tout moment, quelles sont les voitures qui doivent s'arrêter pour laisser passer les autres. Cela évite bien des accidents.

Les feux tricolores dans le monde

Les feux ne sont pas les mêmes dans tous les pays, mais partout le principe est le même. On passe au vert et on s'arrête au rouge.

▲ États-Unis (Los Angeles).

▲ Chine.

▲ Liechtenstein.

Sans feux de signalisation, il y aurait beaucoup plus d'accidents et les piétons risqueraient de se faire écraser en traversant les grandes artères.

▲ Norvège.

▲ Grande-Bretagne.

● Pour les parents

Le respect des feux rouges et autres signaux routiers est très important pour la sécurité des automobilistes, tout comme pour celle des piétons. Ces signaux ont des apparences très différentes selon les pays, mais le code des couleurs a une valeur universelle. Partout, le rouge indique qu'il faut s'arrêter, tandis que le vert autorise le passage. Une uniformisation des systèmes de signalisation a, de plus, été entreprise depuis quelque. temps, pour faciliter leur compréhension par les conducteurs de tous pays. Quoi qu'il en soit, les symboles utilisés sont généralement assez simples pour être compris par tous, indépendamment de la langue parlée ou lue.

Pourquoi les voitures de pompiers ont-elles une sirène si puissante?

RÉPONSE Les pompiers doivent arriver très vite sur le lieu des incendies. Leur sirène avertit les automobilistes qu'ils doivent les laisser passer. La voiture des pompiers est une voiture prioritaire; elle n'est pas tenue de respecter les feux.

Les pompiers sont des gens très pressés

Quand on les appelle pour un incendie, ils brûlent les feux... après s'être assurés, bien sûr, que la voie était libre.

S'il y a beaucoup de circulation, ils peuvent aussi rouler à contresens pour éviter les embouteillages.

Tous ces véhicules prioritaires utilisent, eux aussi, des sirènes

Les ambulances. Elles transportent les malades et les blessés qui ont besoin d'être soignés très rapidement.

Les voitures de sécurité de l'EDF. On les appelle quand on craint une fuite de gaz.

Les motos de la police. Grâce à elles, les motards se rendent au plus vite sur les lieux des accidents et rattrapent très facilement les mauvais conducteurs.

Pour les parents

En cas d'incendie, chaque seconde compte. Les pompiers doivent donc intervenir le plus rapidement possible... En pareil cas, ils ne s'arrêtent ni aux feux ni aux stops et empruntent, si nécessaire, les sens interdits. Les mêmes prérogatives sont accordées, en cas d'urgence, aux ambulances, aux voitures et motos de la police et à un certain nombre d'autres véhicules équipés de sirènes. Quand ils entendent ces sirènes, les véhicules ordinaires doivent ralentir ou s'écarter, afin de dégager la voie. Les piétons doivent également laisser passer les véhicules prioritaires, quelle que soit la couleur des feux de signalisation qui les concernent à ce moment-là.

Qu'est-ce qui fait rouler les voitures?

RÉPONSE C'est l'essence qui, dans le moteur, en provoquant des explosions, crée la quantité d'énergie nécessaire pour faire tourner les roues de la voiture.

Quand le capot d'une voiture est ouvert, on peut y voir tous les éléments qui font avancer la voiture. Le plus important est le moteur. C'est l'endroit où le mélange essence-air est enflammé par l'étincelle électrique.

Quand il n'y a plus d'essence dans
le réservoir, la voiture ne roule plus.
Il faut la pousser pour la faire avancer.

▲ **La station-service.**
C'est l'endroit où
l'on peut remplir son
réservoir d'essence.

● Pour les parents

La plupart des voitures particulières fonctionnent à l'essence, alors que les camions et les bus consomment du gas-oil. Il existe également des moteurs à propane, à gaz naturel ou à électricité. On distingue enfin les moteurs à pistons et les moteurs rotatifs. Dans les premiers, la combustion du mélange essence-air se fait dans des cylindres, où elle imprime aux pistons un mouvement alternatif (de haut en bas) que le vilbrequin transforme ensuite en un mouvement rotatif qui fait tourner les roues. Dans les moteurs rotatifs, le mouvement circulaire est créé directement.

◀ **La place du conducteur**

Papa s'en va. Même avec un moteur en bon état
et un réservoir plein d'essence, une voiture ne peut
aller nulle part si personne ne la conduit.

Pourquoi est-ce que l'avant des camions et des bus est plat?

RÉPONSE Les conducteurs de camions et de bus sont assis très haut, ce qui leur permet de voir très loin. Mais, pour qu'ils voient aussi ce qui est tout près, il faut que l'avant de leur véhicule soit plat.

Un camion dont l'avant n'est pas plat est très dangereux, car son conducteur ne peut pas voir ce qui est juste devant ses roues.

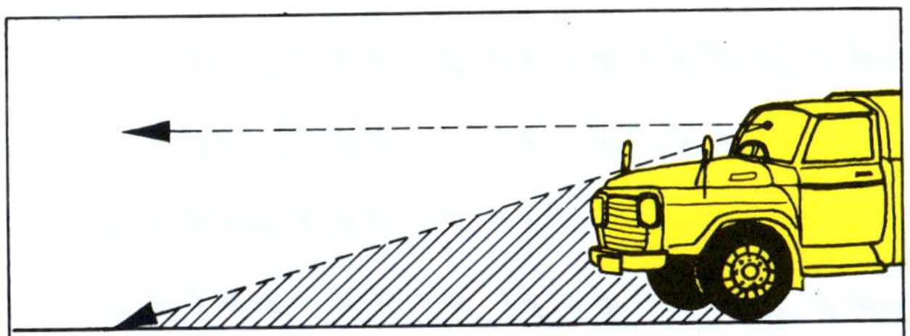

Un avant de camion comme celui-ci empêche le conducteur de voir ce qui se passe dans l'ensemble de la partie hachurée.

• Pour les parents

Dans les anciens poids lourds, le moteur était placé à l'avant; ce qui, en dépit de la hauteur de la cabine, empêchait le conducteur de voir ce qui était juste devant son véhicule. Pour remédier à cette situation plus que dangereuse, on a fini par revoir la forme des véhicules et par leur donner des avants plats. Pour cela, il a fallu en déplacer le moteur. Actuellement, les moteurs des camions sont placés sous le siège du conducteur. Dans les bus, en revanche, ils sont généralement à l'arrière.

L'emplacement du moteur

▲ Dans les gros camions, le moteur est sous le siège du conducteur.

▲ Dans certaines voitures, le moteur est à l'arrière.

▲ Le moteur des bus est, en général, placé à l'arrière.

Pourquoi met-on des chaînes aux roues des voitures quand il neige?

RÉPONSE Sur les routes enneigées, les pneus des voitures glissent et on risque de déraper. Alors, pour qu'ils accrochent mieux, on les recouvre de chaînes. On peut aussi utiliser des pneus à clous.

Les différents types de pneus

▲ **Pneu courant.** À structure souple.

▲ **Pneu radial.** À structure métallique.

▲ **Pneu tout terrain.** De compétition.

▲ **Pneu à clous.** Pour la neige et le verglas.

▲ **Pneus équipés de chaînes.** Pour la neige et le verglas.

Elles roulent sur la neige

▲ **Les autoneiges.** Elles ont des chenilles à la place des roues et peuvent grimper sur des sommets escarpés, même s'ils sont couverts de neige poudreuse.

▲ **Les motoneiges.** On les appelle aussi les scooters des neiges. Elles ont des skis à l'avant, pour glisser, et des chenilles à l'arrière, pour avancer, même sur le plat.

▶ Pose de pneus spéciaux pour rallyes dans la neige.

▲ **Une voiture de compétition équipée pour la neige**

• Pour les parents

Quand une route est couverte de neige ou de verglas, les pneus ne sont plus en contact direct avec la surface de la route. Alors la voiture dérape, surtout dans les virages ou en cas de freinage. Pour avoir une meilleure adhérence, on utilise des chaînes ou des pneus à clous. Sur les routes verglacées, toutefois, les chaînes sont peu efficaces; il vaut mieux, alors, utiliser des pneus à clous, même s'ils présentent l'inconvénient d'endommager le revêtement des routes. En général, on n'équipe de pneus à clous que les roues motrices; mais, dans les régions très enneigées, on en équipe les quatre roues et on met parfois, en plus, des chaînes aux roues motrices.

Pourquoi les gros camions ont-ils tant de roues?

RÉPONSE Les gros camions ont beaucoup de roues parce que ce sont elles qui supportent le poids des charges très lourdes qu'ils transportent: plus il y a de roues, moins le poids est important pour chacune. C'est comme quand un sac est trop lourd et qu'on le porte à deux: c'est moins lourd pour chacun.

Quand la charge est légère, quatre roues suffisent.

Mais quand elle devient lourde, ça ne suffit plus.

• Pour les parents

Le poids de la charge transportée par un camion est réparti entre ses roues. Donc, plus ce poids est grand, plus le nombre de roues doit l'être. Outre une usure trop grande des pneus, cela évite une détérioration trop importante du revêtement des routes. De nos jours, on construit des semi-remorques géants qui comptent un nombre de roues tout à fait impressionnant, comme on peut le voir sur la page de droite.

Les camions de plus de cent roues, ça existe réellement!

Un semi-remorque de 500 tonnes.
Il a 184 roues et, comme il ne peut pas faire marche arrière normalement, il lui faut quatre chauffeurs: deux pour conduire dans un sens et deux pour conduire dans l'autre.

Un transporteur automatique de 2 700 tonnes.
Il a 864 roues et roule très lentement. Mais il peut transporter des charges très très lourdes.

Pourquoi les camions de béton ont-ils une cuve tournante?

RÉPONSE Les camions qui transportent le béton frais sur les chantiers ont une bétonnière dont la cuve tourne sans arrêt. Cela sert à bien mélanger le béton et à l'empêcher de durcir: s'il devenait dur, on ne pourrait plus le sortir de la bétonnière.

La cuve tourne, pas de souci à se faire

Si tu t'arrêtes de tourner, les ennuis vont commencer!

Tu t'es arrêté de tourner... Regarde ce qui s'est passé!

L'intérieur de la cuve

▲ On utilise du béton pour construire toute sorte de choses: piscines, maisons, etc. Ici, les ouvriers commencent la construction d'une piste cyclable.

Quand la cuve est remplie de béton, elle tourne tout d'abord dans le sens de la flèche rose.

Chargement

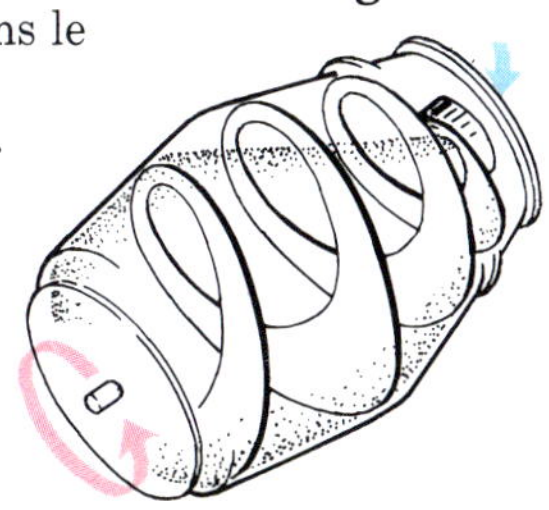

Pour vider la cuve, on la fait tourner dans l'autre sens, ce qui pousse le béton vers l'extérieur.

Déchargement

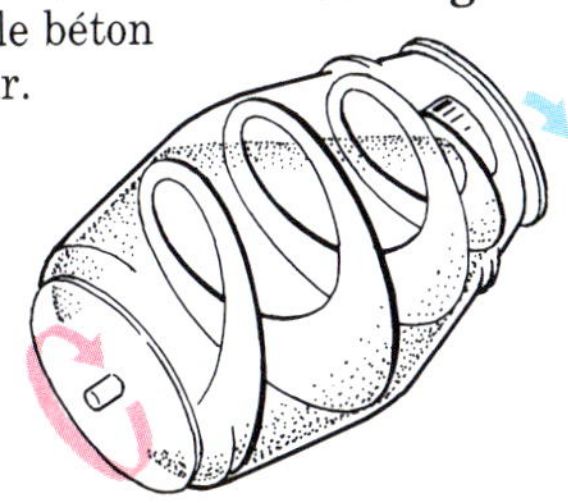

• Pour les parents

Le béton est un mélange de ciment, de sable, de gravier et d'eau qu'on utilise pour construire, entre autres, les immeubles. Comme il en faut généralement d'énormes quantités, on ne peut pas tout préparer sur le chantier. Alors, le complément est fabriqué dans une centrale à béton puis transporté sur place grâce à une bétonnière dont la cuve tourne sans cesse afin de maintenir le mélange à la bonne consistance.

Comment se fait-il qu'on puisse téléphoner d'une voiture?

RÉPONSE Certaines voitures sont équipées de radiotéléphones. Ils émettent des signaux radio qu'une station radio peut capter et retransmettre à un téléphone normal.

▲ L'émetteur du téléphone envoie des signaux radio.

▲ On peut téléphoner tout en conduisant sa voiture.

• Pour les parents

La plupart d'entre nous passent beaucoup de temps en voiture. Il est donc tout à fait naturel qu'on y trouve, de plus en plus souvent, des téléphones. Ces appareils émettent des ondes radio, mais qui sont très différentes de celles utilisées par les cibistes — lesquels ne peuvent communiquer qu'avec les autres cibistes, alors que les téléphones de voiture sont connectés au réseau téléphonique général. La seule limite à leur fonctionnement est le nombre des stations relais existant. Pour l'instant, seules les zones urbaines en sont pourvues — mais le jour n'est pas loin où les campagnes en compteront également. Le téléphone de voiture est avant tout l'instrument des hommes d'affaires qui peuvent ainsi continuer à travailler même lors de leurs déplacements en voiture, notamment en cas d'embouteillages.

Il y a des téléphones partout

▲ Certaines personnes utilisent deux téléphones à la fois, mais quelles bonnes oreilles!

▶ Les taxiphones des aéroports sont très utilisés par les hommes d'affaires en voyage.

◀ Sur les marchés financiers, on parle avec ses mains et au téléphone en même temps.

▲ Ce téléphone situé dans le désert d'Arizona a été placé là pour que les automobilistes en difficulté puissent demander de l'aide.

À quoi servent les taxis?

RÉPONSE Il y a des gens qui, ou bien n'ont pas de voiture, ou bien l'utilisent rarement: ils préfèrent marcher et prendre le bus ou le métro. Quelquefois aussi, quand ils sont pressés, ils prennent un taxi. Les taxis sont très pratiques car ils nous conduisent exactement où nous voulons aller, sans que nous ayons à nous préoccuper du trajet ou d'un lieu de stationnement. Quand nous sommes très pressés, le chauffeur s'arrange, de plus, pour nous conduire à destination aussi vite que la sécurité et la circulation le lui permettent.

LE SAVAIS-TU ?

Le prix d'une course

Les taxis ne se font pas payer partout de la même façon. Le plus souvent, on paie en fonction de la distance et la somme à payer est indiquée par un compteur; on y ajoute en général un pourboire. Parfois, ce prix est également fonction de la zone dans laquelle on se rend. Il y a enfin des pays où il est bon de marchander le prix de la course avant de monter dans le taxi.

Quelques types de taxis

▲ **Un taxi à San Francisco, aux États-Unis.**
Sur le toit, un emplacement est prévu pour les publicités.

▶ **Un taxi à Londres.**

◀ **Un cyclo-pousse, en Malaisie.**
C'est à la fois un tricycle et un pousse-pousse.

▲ **Des pousse-pousse, à Hong-Kong.**

• Pour les parents

Dans les grandes villes, il y a tellement d'embouteillages que les gens hésitent souvent à prendre leur voiture. Il faut cependant qu'ils soient en mesure, quand cela leur est nécessaire, de se déplacer rapidement. Les taxis sont là pour ça; on en trouve facilement (sauf aux heures de pointe) et leurs tarifs sont raisonnables. De plus, ils nous conduisent à l'endroit exact où nous désirons aller, ce qui n'est pas le cas des transports en commun. Selon les pays, les taxis ont des aspects et des habitudes très différents; c'est ce que montrent les photos ci-dessus.

Où peut-on voir des motards?

RÉPONSE Dans de nombreux pays, la police utilise des motos pour mieux surveiller les routes et pourchasser les très mauvais conducteurs.

Un motard de la police italienne.

Des motards aux Pays-Bas. Leur chef a une moto rouge.

Des motards de la gendarmerie nationale française.

De quelles couleur sont les voitures de police?

▲ **En Grande-Bretagne,** les voitures de police sont blanches avec une bande rayée rouge et jaune.

▲ **Au Canada,** les fameux Mounties ont maintenant des voitures de patrouille bleu et blanc.

▲ **Aux États-Unis,** les couleurs des voitures de police varient selon les régions.

• Pour les parents

Les motos sont très pratiques parce qu'elles se faufilent dans les encombrements. Les policiers et les gendarmes les utilisent surtout pour appréhender les automobilistes qui commettent des infractions. Leurs véhicules doivent répondre à des critères très stricts d'efficacité et de solidité. Ils se fournissent auprès des meilleurs fabricants du monde: Honda, Suzuki et Yamaha au Japon, Harley-Davidson aux États-Unis, Moto Gucci en Italie et BMW en Allemagne. Les motards, qui exercent un métier dangereux, reçoivent une formation spéciale.

▲ **En France,** les voitures de police sont blanc et noir. On les appelle des voitures pies.

▲ **En Australie,** les voitures de police sont blanches.

▲ **En Italie,** les voitures de police sont gris et blanc.

Où peut-on aller en train?

RÉPONSE 1 Certains trains circulent à l'intérieur des grandes villes et dans leurs banlieues. Il y en a même qui roulent sous terre: les métros.

RÉPONSE 2 D'autres trains parcourent de longues distances et mènent les voyageurs d'une ville à l'autre.

Les sièges des trains

Il existe toutes sortes de sièges dans les trains. Les uns permettent de mieux voir le paysage, d'autres sont particulièrement confortables, certains, enfin, peuvent servir de couchettes.

Un train panoramique d'où l'on peut regarder dans toutes les directions.

Pour les longs trajets, les trains sont équipés de sièges qui peuvent se transformer en couchettes.

Ce train express est à deux étages. D'en haut, on a une vue imprenable.

L'intérieur spacieux d'un train rapide à Hong-Kong.

Dans ce train italien, il existe des compartiments particuliers pour les amateurs de grand confort.

Pour les parents

L'automobile et l'avion n'ont pas détrôné le train. Les réseaux urbains ont même une importance croissante. Il faut dire qu'un train de banlieue peut, à lui seul, remplacer mille voitures, sans contribuer, pour autant, à la saturation du réseau routier. A New York, Tokyo, Londres et Paris, des milliers de banlieusards se rendent ainsi à leur travail chaque jour. Les trains à grande vitesse qui relient certaines métropoles sont capables de rivaliser avec l'avion. Aux États-Unis, en Chine et en Europe, ces trains, qui parcourent de longues distances, offrent un excellent confort. Au Japon, c'est la capacité d'accueil qui importe avant tout, car les trajets sont courts mais les usagers nombreux.

Quel train dépassa, le premier, 200 kilomètres à l'heure?

▲ Quand on retire le nez du Shinkansen, on peut voir son attelage.

RÉPONSE Alors que les trains classiques roulent à 160 kilomètres à l'heure, le Shinkansen, qui date de 1964 et relie, par la ligne du Tokaido, Tokyo à Osaka, a une vitesse de croisière de 210 kilomètres à l'heure. Son nez rond, qui cache l'attelage, est on ne peut plus aérodynamique.

▲ Deux motrices de Shinkansen attelées nez à nez.

▶ Comme le Shinkansen (dont le nom signifie «nouveau chemin de fer» en japonais) a des roues plus écartées que les trains normaux, il roule sur une voie ferrée spéciale. C'est un autre train qui le transporte sur cette voie, grâce à un wagon-plate-forme.

• Pour les parents

Tous les trains possèdent un attelage qui permet de les remorquer si besoin est; mais dans le Shinkansen ce dernier est replié à l'intérieur d'un "nez" rond qui lui donne une ligne plus aérodynamique. En 1964, le Shinkansen a été une véritable révolution; mais, depuis 1981, il est surclassé par le TGV, plus rapide, qui offre les mêmes conditions de sécurité et de confort avec un écartement de roues normal.

Quel est le train le plus rapide du monde?

RÉPONSE Le TGV (train à grande vitesse) conçu par la SNCF roule à 260 kilomètres à l'heure. C'est le train le plus rapide du monde.

▲ **Le tableau de bord.** Le volant sert à contrôler la vitesse du train.

▲ **Une voiture de première classe.**

▲ **Le bar.** On peut y prendre un repas léger pendant le trajet.

Le quel est le plus rapide?

Le TGV est le moyen de transport le plus rapide après l'avion

Un avion à réaction
900 km/h

Le Shinkansen
210 km/h

Le vélo
16 km/h

La marche
5 km/h

Le TGV
260 km/h

Un autocar
90 km/h

Un paquebot
53 km/h

Un aéroglisseur
110 km/h

Le pantographe transmet le courant

▲ Le pantographe simple du TGV.

▲ Le pantographe double du Shinkansen.

• Pour les parents

Lors des essais, le 26 février 1981, le TGV a atteint 380 km/h. C'est le record mondial de vitesse sur rail. Pour l'instant, la vitesse maximale du TGV en service commercial, sur la ligne Paris-Sud-Est, est de 260 km/h (contre 160 km/h pour les trains classiques). Ce train extrêmement rapide offre les meilleures conditions de confort et de sécurité. Comme les tramways d'antan, le TGV, ainsi que son concurrent japonais le Shinkansen, sont des trains électriques. C'est le pantographe, installé sur le toit, qui transmet le courant aux organes moteurs. Le TGV possède deux moteurs, situés à ses deux extrémités. Des lignes supplémentaires sont prévues pour l'avenir: le TGV Atlantique, vers le sud-ouest de la France, et le TGV Nord, vers la Belgique et peut-être l'Angleterre.

Comment conduit-on un train?

RÉPONSE Dans les voitures, il y a un volant qui sert à orienter les roues. Dans les trains, ce n'est pas nécessaire: les roues sont guidées par les rails. Le conducteur, lui, s'occupe surtout de la vitesse de son véhicule.

Le train suit les rails

▲ Les roues ont un rebord qui les maintient en place.

▲ Quand il y a un embranchement, l'aiguillage dirige automatiquement le train sur la bonne voie.

• Pour les parents

La conduite des trains ne ressemble pas du tout à celle des automobiles, car il s'agit avant tout de contrôler la vitesse. Les freins des trains électriques sont actionnés à la main. Le conducteur tient généralement la manette des vitesses de la main gauche et le frein de la main droite. Mais les trains modernes sont, de plus en plus souvent, équipés d'un dispositif unique pour les vitesses et le frein. Les enfants peuvent croire que le conducteur dirige le train. Les illustrations de cette page permettent de leur expliquer qu'en fait le train se dirige tout seul.

Le conducteur a deux commandes devant lui, l’une pour les vitesses, l’autre pour le frein.

Avec la commande de gauche, il contrôle la vitesse. Il la tourne pour accélérer ou pour démarrer.

Quand il veut ralentir ou arrêter le train, il tire vers lui la commande de droite.

Le tableau de bord

Dans un train rapide

Dans un train express classique

Dans un train de banlieue ordinaire

Qu'est-ce qu'une gare de triage?

RÉPONSE C'est tout un ensemble de rails qui permet d'accrocher les wagons aux locomotives pour former des convois. Quand un train de marchandises transporte des chargements destinés à différentes villes, il s'arrête dans la gare de triage de chacune d'elles. Là, on détache du train les wagons qui doivent rester sur place et on lui accroche, par la même occasion, des wagons supplémentaires.

Les trains de marchandises parcourent souvent de grandes distances. Ici, un train traverse une montagne du Canada. Il est tracté par trois puissantes locomotives.

Et qu'est-ce qu'une rotonde?

La rotonde est une plate-forme circulaire sur laquelle des rails sont disposés en étoile. Au centre, un pont tournant permet de transporter les wagons ou les locomotives d'une voie à l'autre. Mais une rotonde est, en fait, surtout une sorte de garage, l'endroit où l'on répare et l'on entretient les trains.

• Pour les parents

Dans certains pays, les trains de marchandises peuvent se composer de quelque 150 à 200 wagons transportant des chargements très divers vers des destinations très variées. Par exemple, un train peut quitter Chicago avec 100 wagons et parcourir 500 km vers l'ouest. Là, il s'arrête dans une gare de triage. Certains des wagons sont accrochés à une locomotive qui va les conduire vers le sud, tandis que d'autres s'ajoutent à un train en partance pour le nord. Dans les gares de triage, les multiples aiguillages facilitent les manœuvres. Ces gares sont installées à l'écart des autres voies ferrées, afin de ne pas gêner la circulation. Les plus importantes se trouvent à proximité des centres urbains et des lieux de production agricole ou industrielle, là où le transit des marchandises est le plus important.

Sur quoi roulent les monorails?

RÉPONSE « Mono » signifie un seul. Les monorails sont donc des trains qui roulent sur une voie ferrée à un seul rail. Ils ont des roues pneumatiques qui les rendent beaucoup moins bruyants que les autres trains.

▲ Un monorail glisse sur une voie aérienne dans une grande ville.

Les monorails ont des roues sur les côtés, qui enserrent le rail et évitent les secousses.

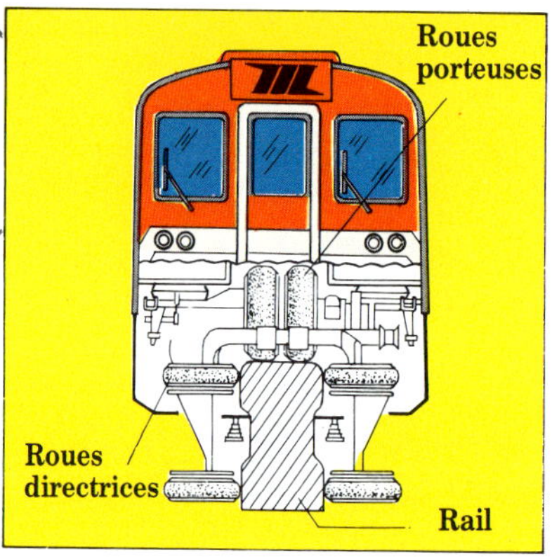

• Pour les parents

Le terme monorail s'applique à la voie ferrée à rail unique et, par extension, aux trains qui y circulent. Le principal avantage du monorail est sa faible résistance mécanique. En outre, la très grande stabilité de ces trains leur permet d'utiliser des voies suspendues dans les grandes villes. Les roues garnies de pneus réduisent les vibrations et le bruit.

Les monorails suspendus ont les roues fixées sur le toit. De conception plus simple, ils sont plus faciles à construire que les monorails ordinaires. Mais ils ont tendance à se balancer de droite à gauche en roulant.

▲ Ce monorail suspendu transporte ses passagers dans les airs, au-dessus du trafic routier: il suit la route.

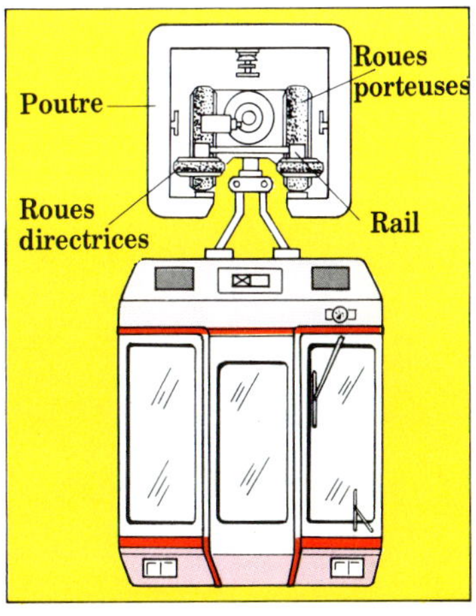

Pourquoi les sièges des funiculaires sont-ils disposés en escalier?

RÉPONSE Les funiculaires montent et descendent le long de pentes très fortes. Alors, si leurs sièges étaient tous placés comme dans un train normal, les passagers seraient tellement penchés qu'ils se tomberaient les uns sur les autres.

Sur leurs sièges disposés en escalier, les passagers sont assis bien droit!

Mais voici ce qui se passerait si les sièges étaient placés parallèlement au sol!

Qu'y a-t-il dans un funiculaire?

Regarde: tu peux voir les sièges des passagers et tout ce qu'il y a sous le plancher. As-tu envie de faire un petit tour?

Comment un funiculaire peut-il grimper des pentes si abruptes sans moteur?

Le funiculaire est tiré par d'énormes câbles très solides qui s'enroulent autour de poulies. Une cabine monte pendant que l'autre descend.

Les câbles placés sous le funiculaire le tirent vers le haut de la pente.

Funiculaires du monde

◀ Un funiculaire japonais sort d'un long tunnel.

La jolie cabine toute rouge d'un funiculaire suisse. ▶

• Pour les parents

Les funiculaires grimpent à flanc de montagne ou de colline et ils ne manquent généralement pas de charme. Leurs cabines autonomes se croisent au milieu de la pente. Parfois, les câbles sont remplacés par un rail à crémaillère placé entre les deux autres. Ce système est couramment utilisé dans les montagnes suisses. On ne se rend pas toujours compte du fait que les funiculaires sont mus par des câbles, et le pantographe placé sur le toit pourrait même faire croire qu'ils fonctionnent comme les tramways. Mais le pantographe, relié à un câble électrique, ne transmet que le courant utilisé pour l'éclairage et le téléphone. A mi-chemin entre le départ et l'arrivée, la voie se partage en deux pour permettre aux cabines de se croiser. Si, par extraordinaire, un câble venait à se rompre, le frein automatique bloquerait la cabine.

Pourquoi certaines locomotives font-elles de la fumée?

RÉPONSE Avant la mise en service des trains électriques que tu connais, il n'y avait que des locomotives à vapeur. Ces machines crachaient d'énormes nuages de fumée noire tout en faisant « tchouff-tchouff ». Le charbon qui brûlait dans la chaudière produisait l'énergie nécessaire pour que la locomotive avance. Mais les trains à vapeur sont de plus en plus rares de nos jours.

Le savais-tu?

Quand un train à vapeur passe sous un tunnel, les voyageurs qui se pencheraient par les fenêtres seraient asphyxiés par la fumée.

Quand un train à vapeur grimpe une pente, on est obligé de verser du sable sur les rails pour les rendre moins glissants.

Les locomotives à travers le monde

Ce train suisse doit gravir des pentes si escarpées qu'une locomotive est nécessaire pour le pousser par-derrière.

Sur cette ligne de chemin de fer japonais, deux locomotives à vapeur tractent le convoi, ce qui donne plus de puissance.

Pour les parents

Il y a à peine une trentaine d'années, la plupart des locomotives fonctionnaient encore à la vapeur. L'électricité représente un progrès à plusieurs titres. Chaque fois que le train faisait halte dans une gare, on perdait beaucoup de temps à alimenter la chaudière en charbon et en eau. Et surtout, les locomotives à vapeur étaient très polluantes. Aujourd'hui, nostalgie oblige, ces machines ont fait leur entrée dans les musées. C'est là que les enfants peuvent les découvrir maintenant.

Pourquoi achète-t-on des billets de train?

RÉPONSE Les voyageurs ne montent pas dans le train et n'en descendent pas tous au même endroit. Ils paient plus ou moins cher selon la longueur de leur trajet. Le billet indique donc les gares de départ et d'arrivée.

A l'arrivée, un employé vérifie les billets pour s'assurer que le prix payé correspond à la distance parcourue.

Les guichets dans une gare d'Asie du Sud-Est

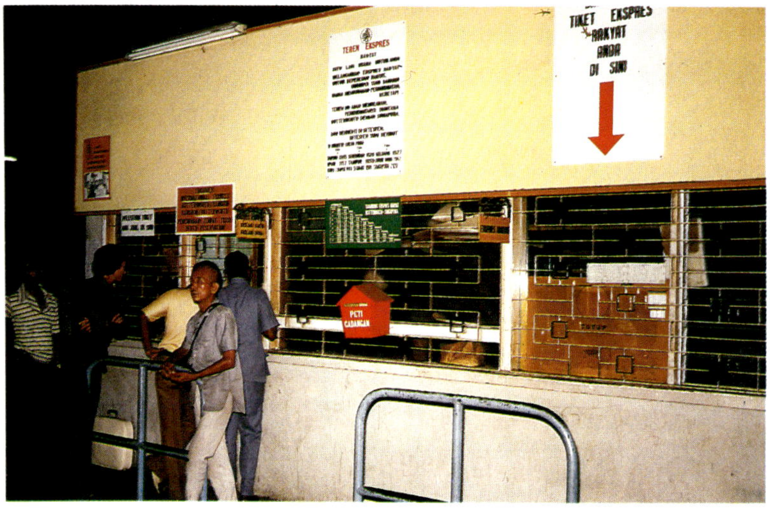

Très souvent, on peut acheter un billet valable pour un certain temps ou pour plusieurs trajets; cela revient moins cher.

Le portillon

Dans les stations de métro et certaines gares, des portillons automatiques compostent eux-mêmes les billets ou les tickets.

▲ Un portillon dans un métro parisien. On enfonce le ticket d'un côté et il ressort de l'autre. Entre ces deux opérations, on peut passer dans le tourniquet.

Le contrôleur

Le contrôleur peut vérifier les billets pendant le voyage. Gare aux étourdis qui auraient perdu le leur !

• Pour les parents

La vente des billets représente la principale source de revenus pour les compagnies ferroviaires. Les tarifs varient, entre autres, en fonction de la distance, du type de train, de la catégorie (par exemple 1ère classe, ou wagon-lit). Les passagers qui effectuent régulièrement le même trajet peuvent se procurer des abonnements à la semaine, au mois ou à l'année. Les portillons automatiques remplacent de plus en plus souvent les employés qui poinçonnaient les billets à la main. Un poinçon différent pour chaque gare permet de savoir immédiatement si le voyageur a payé le tarif correspondant à son trajet.

▶ Dans les grandes gares, les très nombreux distributeurs automatiques de billets évitent les pertes de temps inutiles. Les voyageurs ne sont plus obligés, aux périodes d'affluence, de faire la queue, pendant des heures, devant les guichets. Ici, la gare centrale de Bangkok, en Thaïlande.

❓ Y a-t-il des feux rouges pour les trains?

RÉPONSE 1 Il y a bien des feux tricolores sur les voies ferrées — cela évite que deux trains ne se retrouvent face à face. Les trains s'arrêtent au rouge.

RÉPONSE 2 Le feu rouge peut aussi indiquer qu'un autre train circule sur la même voie dans le même sens, mais beaucoup trop près, et qu'il faut, donc, s'arrêter.

RÉPONSE 3 En voyant les feux, le conducteur sait s'il doit arrêter son train, pour éviter un danger, ralentir ou rouler normalement.

Qu'indiquent les couleurs des feux?

Le vert indique que la voie est libre.
Le train peut rouler à vitesse normale.

Le rouge indique qu'un autre train se trouve juste devant.
Même s'il ne voit pas ce train, le conducteur doit s'arrêter.

L'orange indique qu'il y a un autre train un peu plus loin, et qu'il faut ralentir pour le laisser s'éloigner.

• Pour les parents

La signalisation qui facilite la circulation des automobiles sur les routes et dans les villes a un équivalent dans les chemins de fer. On distingue trois sortes de signaux. **1. Les feux tricolores.** Ce sont les mêmes qu'aux carrefours des routes. Le train passe au vert, ralentit à l'orange et s'arrête au rouge. Parfois, le vert est remplacé par du bleu. **2. Les signaux manuels.** Quand il y a trop de bruit pour se faire entendre, par exemple dans les gares de triage, les cheminots communiquent par gestes pour signifier «avancez», «reculez» ou «ralentissez». **3. Les panneaux.** Ils informent le conducteur de l'état de la voie et de la présence éventuelle de fortes pentes, de virages dangereux ou de passages à niveau. Dans ce dernier cas, le train doit siffler pour annoncer son arrivée. Tous ces signaux, fixes ou temporaires, assurent la sécurité des voyageurs.

Qu'est-ce qui fait flotter les bateaux?

RÉPONSE C'est la force de l'eau qui pousse le bateau vers le haut. Tant que cette force est supérieure au poids du bateau, il flotte. Mais si le bateau est trop lourd, il coule.

ESSAIE

L'expérience de la cuvette en plastique

Si tu poses une cuvette vide sur l'eau de ton bain, elle flotte.

Si la cuvette se remplit d'eau, elle devient beaucoup plus lourde, et elle coule à pic.

Les bateaux sont conçus pour rester en équilibre

La coque du bateau a une forme qui l'empêche de chavirer même quand il y a du roulis.

Le pont du bateau joue le rôle d'un couvercle qui empêche l'eau de pénétrer à l'intérieur et de le rendre trop lourd.

Un bateau vide flotte très haut sur l'eau.

Un bateau chargé continue à flotter tant que sa « ligne de charge » reste au-dessus de la surface.

• Pour les parents

Comment un bateau construit en métal et, par conséquent, très lourd, peut-il flotter? Pour les enfants, c'est un profond mystère. Bien entendu, l'explication est fournie par le bon vieux principe d'Archimède: un corps immergé dans l'eau reçoit une poussée égale au poids du volume d'eau qu'il déplace. Même un objet en métal flotte, pourvu qu'il soit de forme creuse. Dès qu'il s'emplit d'eau, il devint trop lourd par rapport à son volume et il coule.

Qu'est-ce qui les fait avancer?

RÉPONSE Les bateaux ont un moteur qui fait tourner une hélice. Cette hélice repousse l'eau vers l'arrière, ce qui propulse le bateau.

Une hélice de bateau

Certains bateaux à moteur n'ont pas d'hélice

Un hydroptère ou hydrofoil. Il est propulsé par l'eau que rejettent ses tuyères.

Un naviplane. C'est un ventilateur qui, en repoussant l'air vers l'arrière, déplace le bateau.

Comment les bateaux tournent-ils?

Le poste de commandement. Le commandant du navire se tient sur la passerelle de commande. C'est de là qu'il manœuvre le gouvernail.

Le gouvernail. C'est sa position qui détermine la direction du bateau.

Les gros navires ont besoin de beaucoup de place pour tourner. Dans les ports, des petits remorqueurs les aident à se diriger en les poussant dans la bonne direction.

Les gros navires sont parfois équipés de propulseurs d'étrave qui facilitent leurs changements de direction.

Pour les parents

L'homme a navigué à la voile pendant des siècles. Puis, au XIXe, sont apparus les premiers bateaux à vapeur, qui sont restés en usage très longtemps. La plupart des gros navires actuels sont propulsés par des hélices mues par des turbomoteurs ou des diesels. Ces hélices à pales incurvées repoussent l'eau vers l'arrière du bateau. Il n'y a pas de frein, mais, si on fait tourner les hélices en sens inverse, le navire s'immobilise avant d'entamer une marche arrière. Avec les nouvelles hélices à pas variable, il n'est plus nécessaire d'inverser le sens de rotation. Quant au gouvernail, il fonctionne toujours sur le même principe que celui des grands voiliers d'antan.

Qu'est-ce qui fait avancer les voiliers?

RÉPONSE Les voiliers, eux, utilisent, pour avancer, le vent qui frappe leurs voiles. Pendant des siècles et des siècles, les voiliers ont transporté hommes et marchandises sur les mers; et il y eut même de très grands navigateurs, dont Christophe Colomb et, bien sûr, Magellan!

▲ **Les voiliers de plaisance.** Ils sont faits pour le simple plaisir ou la compétition.

Les voiliers peuvent aussi naviguer contre le vent

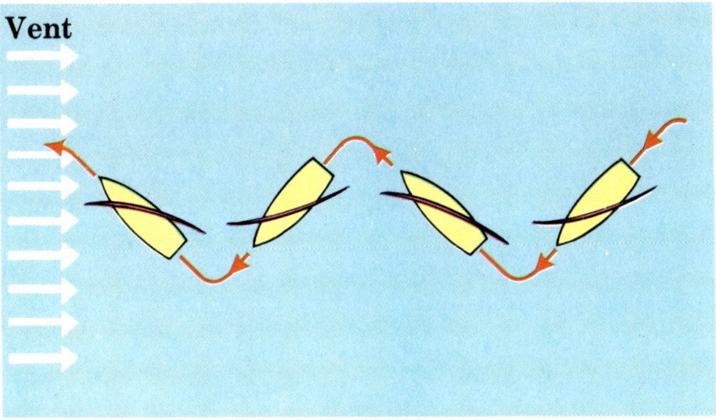

▲ Si on modifie l'orientation de ses voiles, le voilier peut zigzaguer dans le sens inverse du vent. On dit qu'il « louvoie ».

● Pour les parents

Les voiliers utilisent l'énergie du vent, mais ils ne sont pas obligés de suivre constamment la direction de ce dernier. Les voiles fonctionnent de la même façon que les ailes d'un avion. Quand il présente ses voiles par le travers, le voilier est mû par la résultante des forces qui s'exercent sur la coque et sur la voilure. S'il est plus facile de naviguer avec le vent, il est tout de même possible de se diriger en sens inverse, à condition de louvoyer. Les voiliers filent cinq nœuds en moyenne (environ 9 km/h), mais ils peuvent, par vent favorable, atteindre la vitesse de dix nœuds. Pour utiliser au mieux l'énergie du vent, ils déploient une voilure considérable — si on la compare à la coque. D'où une certaine instabilité, qui doit être neutralisée par une dérive sous la quille.

Les grands voiliers captent le vent dans leurs très nombreuses voiles

◀ Un grand voilier effectue une croisière sur l'océan.

Comment les sous-marins font-ils pour s’enfoncer dans l’eau et ressortir ?

RÉPONSE Les sous-marins possèdent de gros réservoirs qu’ils remplissent d’eau de mer pour descendre et qu’ils vident de leur contenu pour remonter.

• Pour les parents

Les premiers sous-marins datent du XVIIIe siècle. Mais c’est juste avant la première guerre mondiale que l’on a commencé à construire des sous-marins vraiment utilisables. Ces navires ont actuellement une vocation militaire. Il existe toutefois des projets de pétroliers submersibles. Le sous-marin module sa profondeur de plongée grâce à son réservoir d’eau, appelé ballast, et grâce à un gouvernail horizontal. Les ballasts peuvent être placés à l’intérieur ou à l’extérieur de la coque, selon le sous-marin.

543
J'ai vidé mes réservoirs pour remonter à la surface. Mais j'aurais pu passer plusieurs jours au fond de la mer si j'avais voulu.
Allons jeter un petit coup d'œil à l'intérieur de ce sous-marin, là, en bas.
543
Poste de commande
Il est en liaison permanente avec les officiers restés à terre et abrite toutes les commandes.
Le carré
Les membres de l'équipage y prennent leurs repas.
La cabine
L'équipage y dort ou s'y repose.

Existe-t-il des bateaux qui vont aussi sur la terre ferme?

RÉPONSE Un aéroglisseur navigue sur la mer, mais il peut aussi se déplacer sur la terre ferme. Il avance sur un coussin d'air qui s'intercale entre la coque et l'eau ou le sol. L'aéroglisseur est propulsé par une ou plusieurs hélices. Regarde la photo.

▲ **L'un des très grands aéroglisseurs qui traversent la Manche**

Il avance sur un coussin d'air pulsé vers le bas.

Quand l'aéroglisseur s'arrête, il cesse de pulser de l'air.

Des voitures et des avions qui vont sur l'eau

L'hydravion
C'est un avion qui peut se poser
sur l'eau aussi bien que sur la terre.
Il est très utile pour les sauvetages en mer.
Ses ailes sont munies de flotteurs.

La voiture amphibie. Elle roule normalement sur les routes, mais l'eau ne l'arrête pas non plus.

• Pour les parents

L'aéroglisseur est sans doute le véhicule amphibie le plus connu. L'air qui est pulsé à haute pression sous sa coque forme un coussin sur lequel il se déplace et de grandes hélices le propulsent vers l'avant. L'aéroglisseur se déplace correctement sur tout terrain plat. Dès 1935, l'ingénieur finlandais Toivo J. Kaario avait fait une démonstration avec le prototype qu'il avait construit. Le terme d'aéroglisseur, qui s'applique à tous les véhicules sur coussin d'air, est assez récent. On a longtemps employé le mot anglais "hovercraft", forgé, dans les années cinquante, par sir Christopher Cockerell. L'aéroglisseur effectue la traversée Calais-Douvres en moins de 50 mn, alors qu'il faut 2 h avec un ferry.

Existe-t-il un code de la mer?

RÉPONSE La circulation en mer est réglementée de la même manière que la circulation sur route. Les bateaux ne naviguent pas n'importe où. Ils empruntent des couloirs de navigation et respectent certaines règles qui leur évitent, à eux aussi, les accidents.

Quelques règles internationales

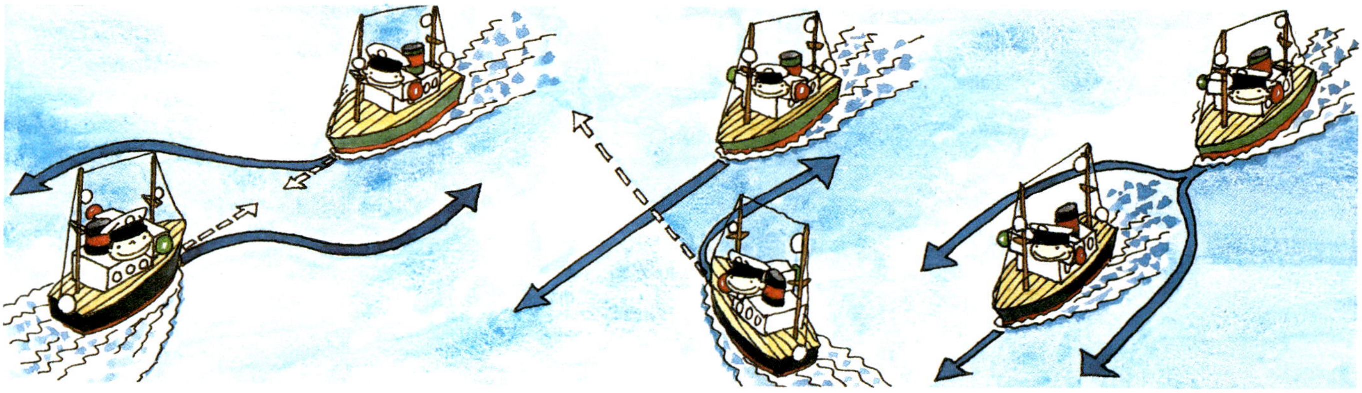

▲ Quand deux bateaux se croisent, ils dévient chacun vers la droite.

▲ Quand un bateau en voit arriver un autre sur la droite, il doit le laisser passer.

▲ Un bateau peut en dépasser un autre à condition de l'avoir averti avec sa sirène.

Comment navigue-t-on la nuit?

Les phares aident les bateaux à s'orienter dans l'obscurité. Les marins peuvent aussi utiliser des radars. Les bateaux sont munis d'une lumière rouge sur le côté gauche (bâbord) et d'une lumière verte sur le côté droit (tribord). Cela assure leur sécurité, même par faible visibilité.

Pour les parents

Malgré l'immensité des océans, les navires marchands sont tenus de suivre des itinéraires très précis. Comme les abords des détroits et des ports sont souvent encombrés, il a fallu établir des règles strictes pour éviter les collisions. Ces règles sont valables dans le monde entier. Pour s'orienter, les marins disposent de cartes détaillées. Ils se repèrent grâce aux phares, aux montagnes, au soleil et aux étoiles. Les satellites et les ordinateurs permettent aujourd'hui de faire le point avec la plus grande exactitude, même dans les pires conditions météorologiques.

Comment volent les avions?

RÉPONSE Quand un avion atteint une certaine vitesse, un vent extrêmement puissant frappe ses ailes et le soulève dans les airs: il décolle.

Un vent puissant soulève l'avion dans le ciel.

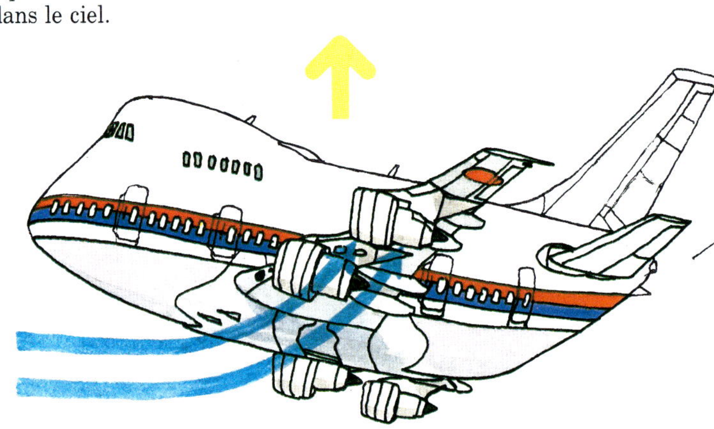

L'air pousse les ailes vers le haut et l'avion monte.

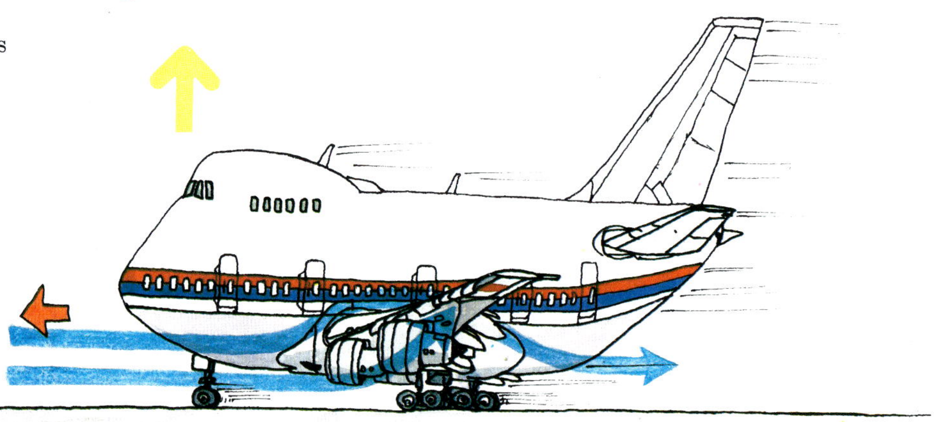

Avant de pouvoir décoller, l'avion doit donc rouler pour prendre de la vitesse.

Grâce à quoi?

Chacun des différents éléments de l'avion remplit sa fonction en utilisant l'action de l'air.

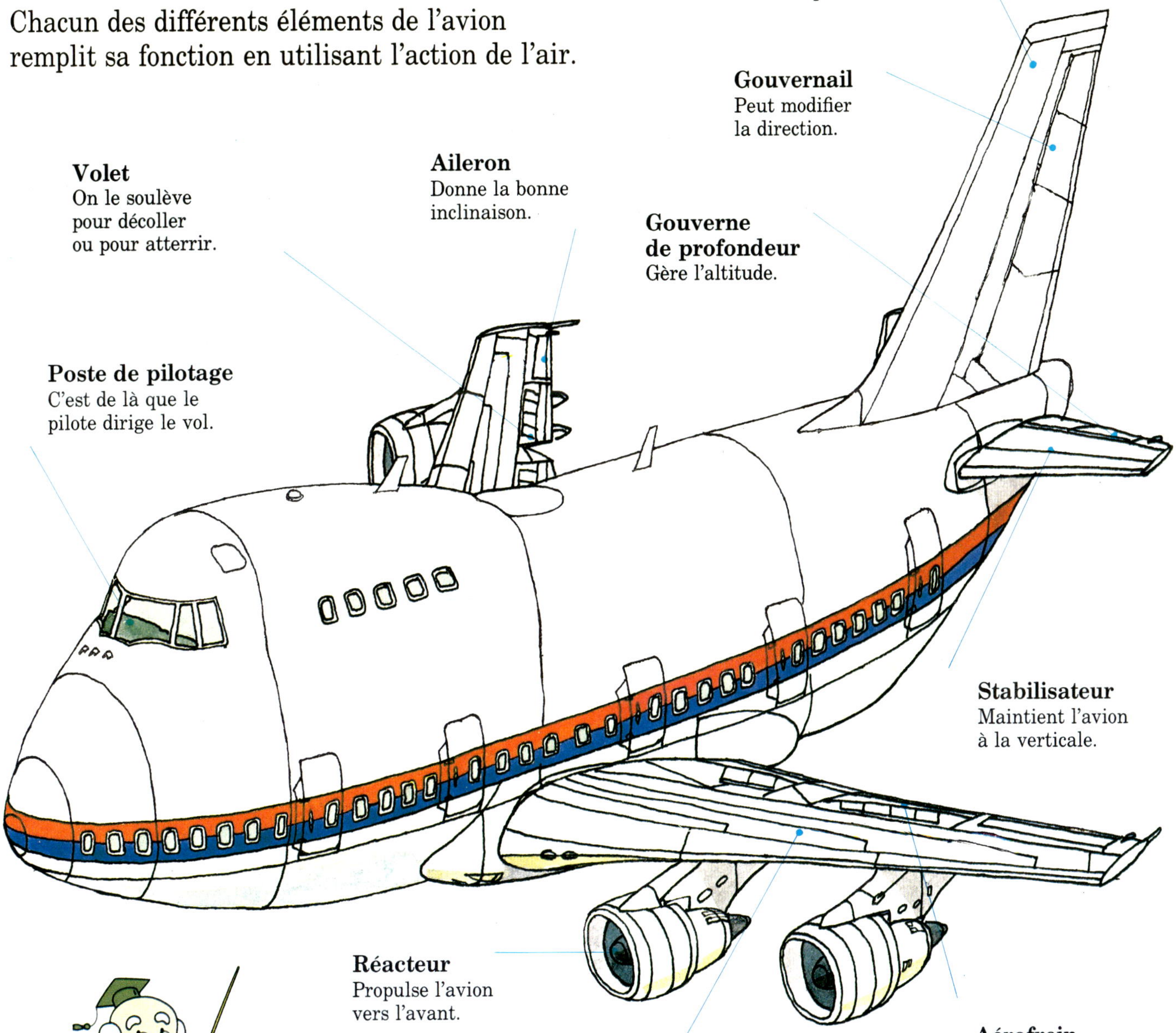

• Pour les parents

Quand un avion vole, la masse d'air qui frappe ses ailes se sépare en deux pour passer dessus et dessous. La surface supérieure d'une aile est bombée, tandis que la surface inférieure est lisse. De ce fait, l'air passe plus vite dessous que dessus. Il exerce donc une pression plus forte sur la surface inférieure que sur la surface supérieure. Cette différence correspond à la portance, qui est proportionnelle au carré de la vitesse. Plus l'avion est rapide, plus la poussée verticale qu'il reçoit est forte. Pour que cette poussée reste suffisante, tant au décollage et à l'atterrissage que durant le vol, le nez de l'avion est légèrement dressé vers le haut.

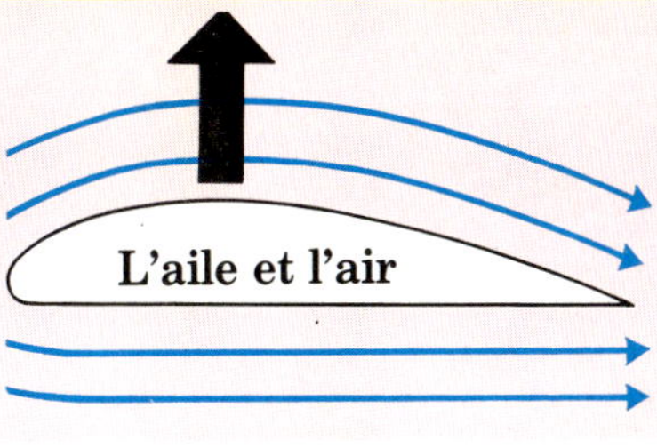

Comment volent les hélicoptères?

RÉPONSE Un hélicoptère vole en faisant tourner son rotor. En tournant très vite, les pales du rotor produisent la force qui soulève l'hélicoptère dans les airs.

Un rotor n'a pas toujours le même nombre de pales

▲ Un petit hélicoptère. Son rotor a deux pales.

▲ Un hélicoptère de taille moyenne. Son rotor a trois pales.

▲ Un hélicoptère transportant de nombreux passagers. Son rotor a quatre pales.

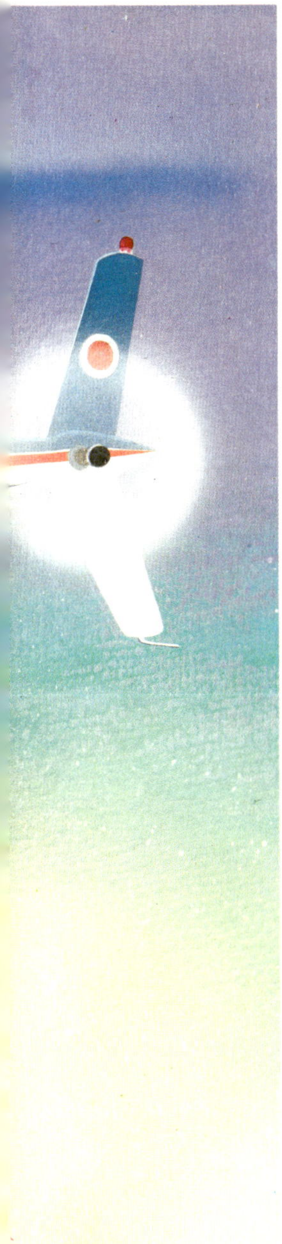

Il peut voler dans tous les sens

En inclinant le rotor vers la gauche ou vers la droite, le pilote peut faire voler son hélicoptère dans un sens ou dans l'autre.

Quand il incline le rotor vers l'avant ou vers l'arrière, il le fait avancer ou reculer.

Un hélicoptère peut s'immobiliser en l'air. Il rend ainsi de grands services.

• Pour les parents

Dans un hélicoptère, la grosse hélice appelée rotor assure à la fois la propulsion et la sustentation. L'hélicoptère n'a pas besoin de rouler sur une piste pour prendre de la vitesse, comme les avions, car il décolle à la verticale. Le pilote dirige son appareil en inclinant le rotor. Un deuxième rotor, plus petit, est situé sur la queue. Il empêche le fuselage de tourner en sens inverse du rotor principal et facilite les changements de direction.

Quelle est la taille d'un Boeing 747?

RÉPONSE Le Boeing 747 est un très gros avion capable de transporter environ 500 passagers sur des moyennes distances. Il a des rangées de dix sièges; et, une fois chargé, il pèse près de 350 tonnes.

1. Le fuselage du Boeing 747 mesure 70 mètres; comme tu peux voir, il est aussi long que les trois premières voitures d'un train express.

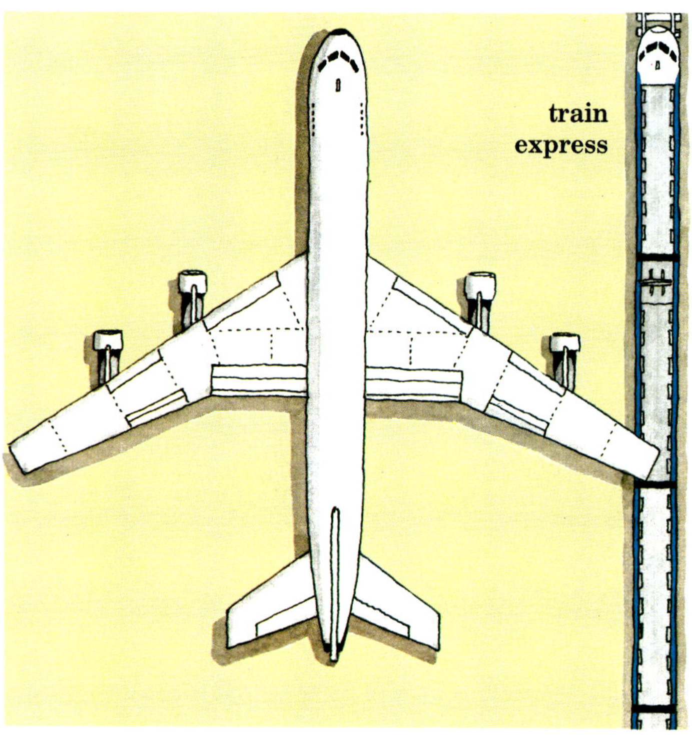

2. Son envergure, mesurée d'une aile à l'autre, est de 60 mètres. Un bimoteur pourrait se poser sur une seule de ses ailes.

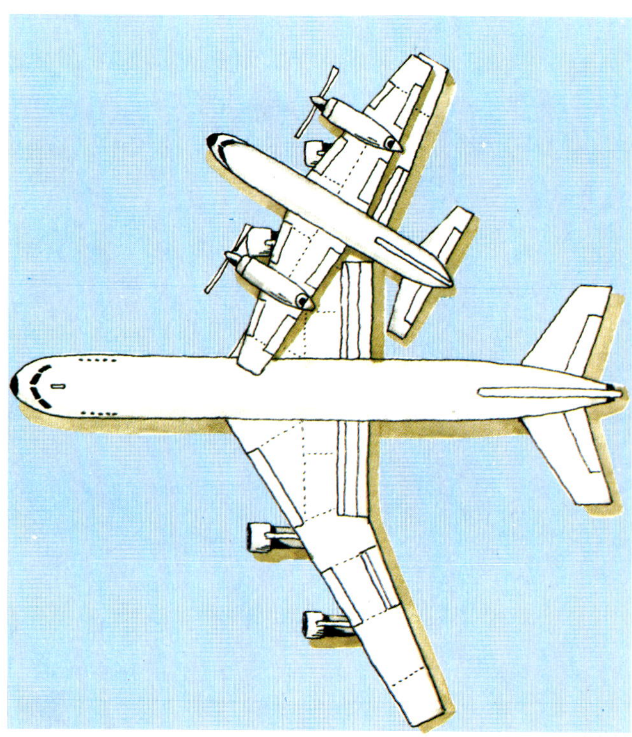

3 En hauteur, du sol à la pointe de la dérive, le Boeing 747 mesure presque 20 mètres. Soit à peu près la hauteur d'un immeuble de cinq étages.

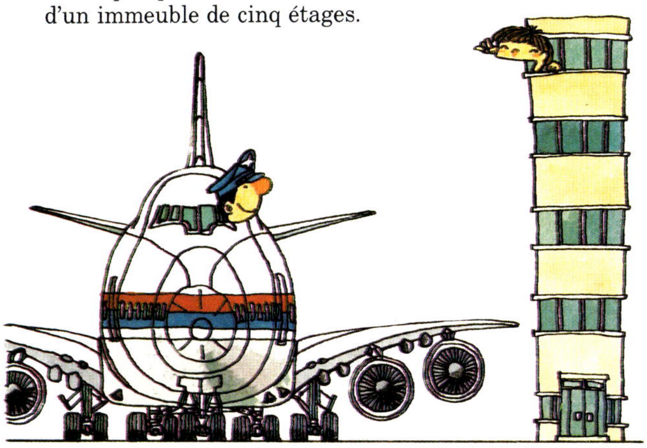

4 Le 747 a 18 roues de 1 mètre 25 de diamètre. Ses réacteurs mesurent 2 mètres 50 de diamètre. Les hommes semblent bien petits à côté de lui.

• Pour les parents

Le Boeing est le plus gros avion du monde pour ce qui est du transport des passagers. Il pèse 175 tonnes à vide, et près du double à pleine charge, c'est-à-dire au décollage, quand son réservoir (d'environ 200.000 litres) est plein. Cet avion a été étudié pour accroître le nombre de passagers sans réduire les performances. Le nombre des passagers varie selon les destinations. Les versions long-courrier contiennent de 350 à 400 sièges. Les appareils qui volent sur les lignes intérieures comportent jusqu'à 500 sièges. À titre de comparaison, la Caravelle et le Concorde transportent une centaine de passagers. L'accroissement de la capacité permet de diminuer d'autant le prix du voyage.

Qu’est-ce qu’un avion-cargo?

RÉPONSE Un avion-cargo est un avion qui a été spécialement conçu pour faciliter le chargement et le déchargement des marchandises. Ses portes sont plus grandes que celles des avions pour passagers, et son fuselage est plus bas. Généralement, il s’ouvre à l’avant ou à l’arrière.

Quelques avions-cargos

Le Super Guppy
Il transporte des avions et des fusées militaires, mais aussi de lourdes pièces détachées.
À pleine charge, il pèse environ 77 tonnes.

Le Super Guppy doit son nom à sa ressemblance avec un poisson d’aquarium appelé guppy.

▲ Ce Boeing 747 a été adapté spécialement au transport des marchandises.
Son nez s'ouvre comme une grosse bouche.

● Pour les parents

Les avions-cargos ont un plancher bas, qui dégage un espace plus vaste à l'intérieur et facilite les opérations de chargement ou de déchargement. Presque tous les avions de transport militaires s'ouvrent à l'arrière pour accueillir les camions et autres véhicules. Les avions-cargos qui sont des versions spéciales de certains avions de passagers ont des portes normales, sur les côtés. Parfois, l'avant ou l'arrière pivote sur des charnières.

Un avion peut-il décoller d'un bateau?

RÉPONSE Un avion qui se trouve sur un porte-avion n'a pas la place de rouler assez longtemps pour acquérir la vitesse nécessaire au décollage. Il emploie alors une catapulte.

▲ L'avion s'apprête à décoller. Il est placé devant la catapulte.

Comment fait-il pour atterrir?

Un crochet placé à l'arrière de l'avion se prend dans un câble qui l'arrête.

▲ Cet avion s'apprête à atterrir sur un porte-avions: on dit qu'il va « apponter ». Son crochet est bien visible.

▲ L'avion va toucher le sol.

▲ Le crochet se prend dans le câble. L'avion est stoppé net.

● Pour les parents

Dans les aéroports, les avions doivent rouler pendant un certain temps sur la piste d'envol, afin d'acquérir la vitesse nécessaire au décollage. Or, un grand porte-avions mesure moins de 350 m. L'avion ne pourrait en décoller sans l'aide d'une catapulte à vapeur. Les plus gros porte-avions sont équipés de quatre catapultes capables de faire décoller les avions très rapidement les uns à la suite des autres. De même, à l'atterrissage, l'avion n'a pas assez de place pour s'arrêter en freinant. Un câble d'acier tendu en travers de la plate-forme, appelé frein d'appontage, retient l'avion par le crochet qu'il a sous le ventre et stoppe l'appareil dans son élan. Les gros porte-avions peuvent transporter 90 avions. Ils jouent un rôle important dans la défense militaire.

Où se garent les avions?

◀▲ Sous la plate-forme, appelée îlot, il y a une soute à avions. Ce sont des ascenseurs qui transportent les avions entre la soute et l'îlot.

Comment volent les montgolfières?

RÉPONSE L'air chaud est plus léger que l'air froid.
Il suffit donc de chauffer l'air contenu dans
la montgolfière pour qu'elle s'élève dans le ciel.

▼ On chauffe l'air
avec des brûleurs à gaz.

Comment se déplacent les montgolfières?

Les montgolfières vont là où le vent les pousse. Comme l'air ne souffle pas dans la même direction à toutes les altitudes, on fait monter ou descendre la montgolfière pour se trouver dans le vent dont on a besoin.

• Pour les parents

L'air chauffé se dilate, de sorte qu'à volume égal il pèse moins lourd que l'air ambiant. Un brûleur à gaz placé sous le ballon de la montgolfière chauffe l'air et provoque son ascension. Pour faire descendre la montgolfière, on éteint la flamme et l'air refroidit. Les montgolfières se distinguent des autres aérostats, gonflés à l'hélium ou à l'hydrogène, qui sont plus légers que l'air à même température. Les frères Montgolfier ont fait leur première démonstration le 21 novembre 1783. Les dirigeables sont apparus au XIXe siècle. Dans les années trente, les Allemands ont construit de grands zeppelins de 300 m de long.

Comment la navette spatiale peut-elle aller dans l'espace?

RÉPONSE

Au départ, des fusées appelées propulseurs auxiliaires l'aident à s'éloigner du sol. Ensuite, elle utilise ses moteurs. Sur terre, les carburants qui fournissent l'énergie aux moteurs brûlent au contact de l'oxygène de l'air. Comme il n'y a pas d'oxygène dans l'espace, la navette transporte, en plus de son carburant, une réserve d'oxygène.

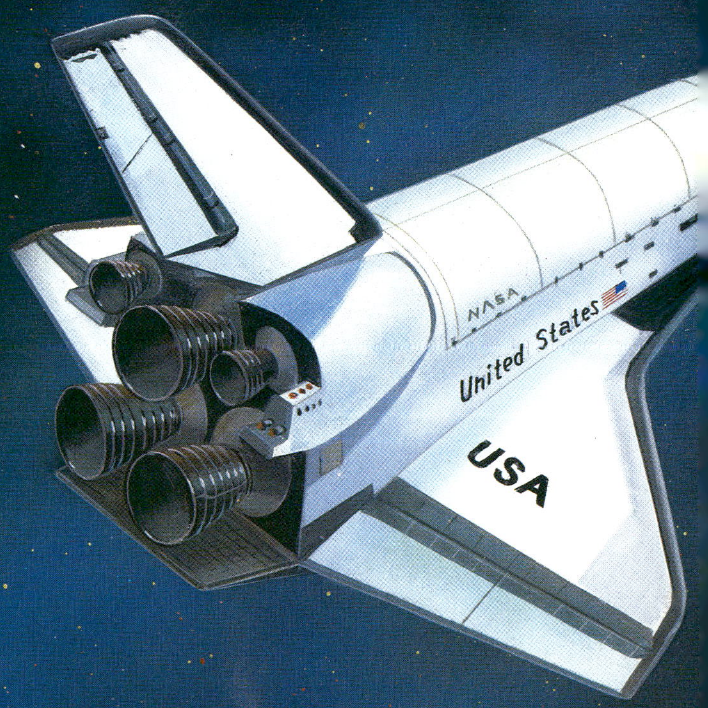

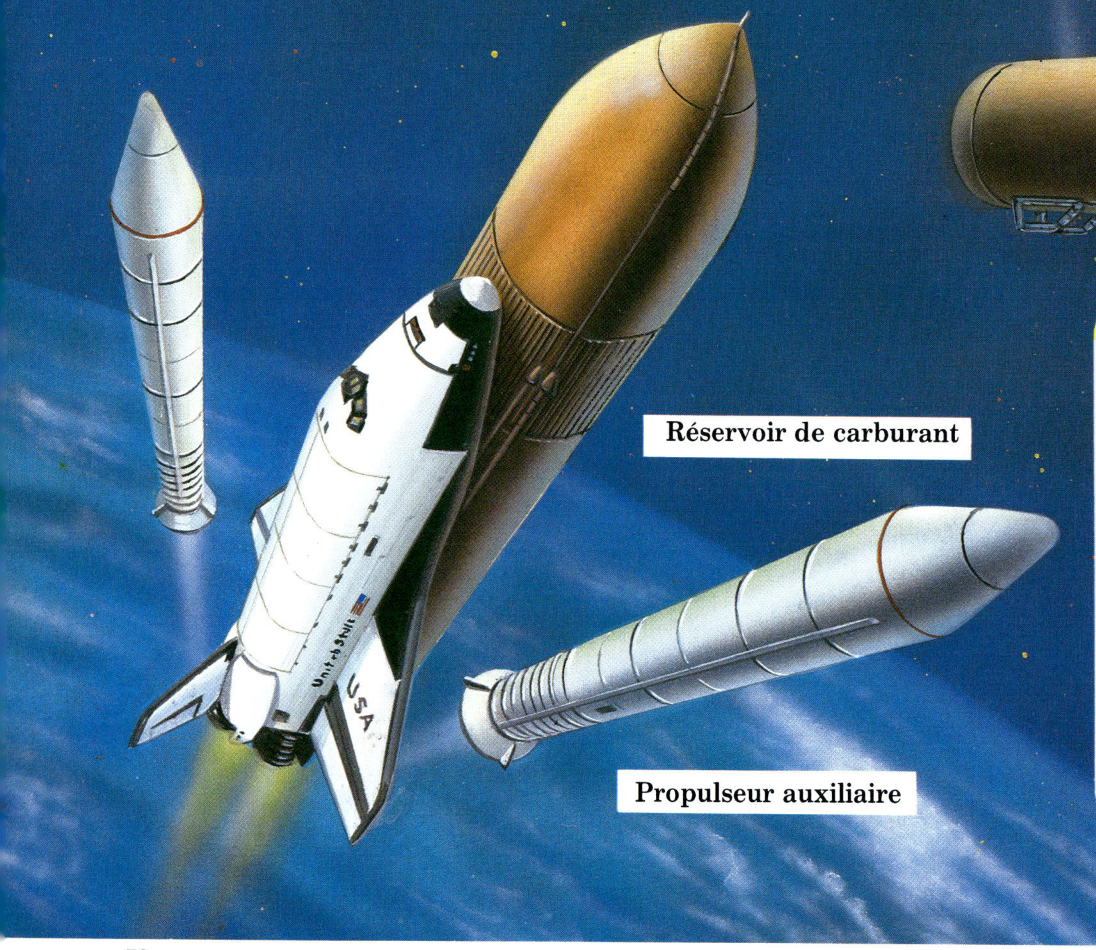

• Pour les parents

Les moteurs des voitures et des avions utilisent l'air ambiant pour la combustion du carburant. La navette spatiale transporte de l'oxygène pour permettre la combustion de son carburant au-delà de la couche d'air qui entoure la Terre. La navette américaine possède trois moteurs de fusée intégrés dans son fuselage; et ce sont deux propulseurs auxiliaires réutilisables qui fournissent l'accélération nécessaire au lancement. Les trois moteurs développent une puissance trente fois supérieure à celle des plus gros avions.

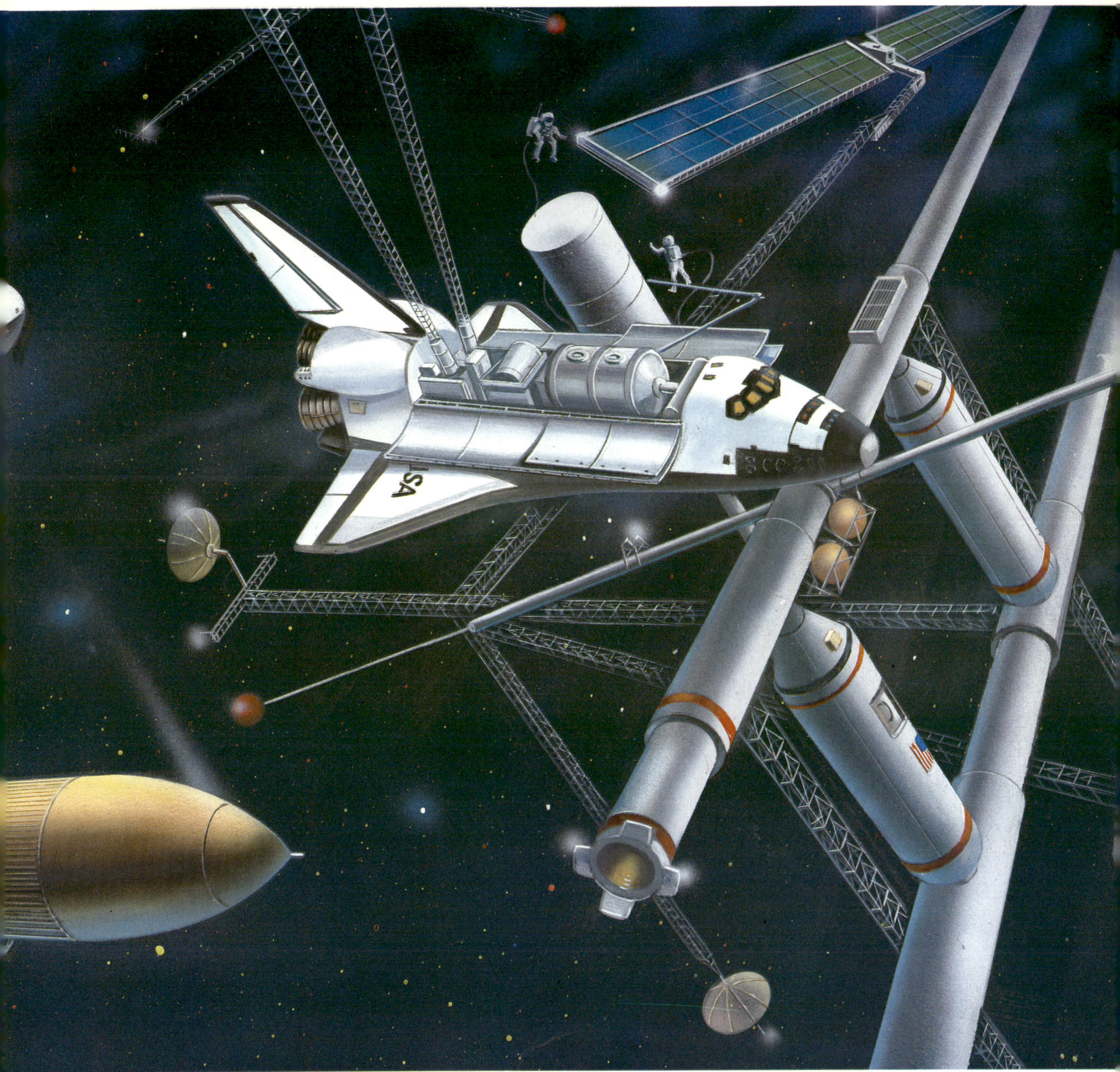

Pourquoi les avions n'y vont-ils pas?

Les moteurs des avions ont besoin d'air pour fonctionner. Il n'y en a pas dans l'espace.

Quand voyagerons-nous dans l'espace?

RÉPONSE

Beaucoup de gens pensent que nous pourrons bientôt voyager dans l'espace. Pour l'instant, personne ne peut dire quand. Nous irons peut-être dans des stations spatiales ressemblant à celle-ci.

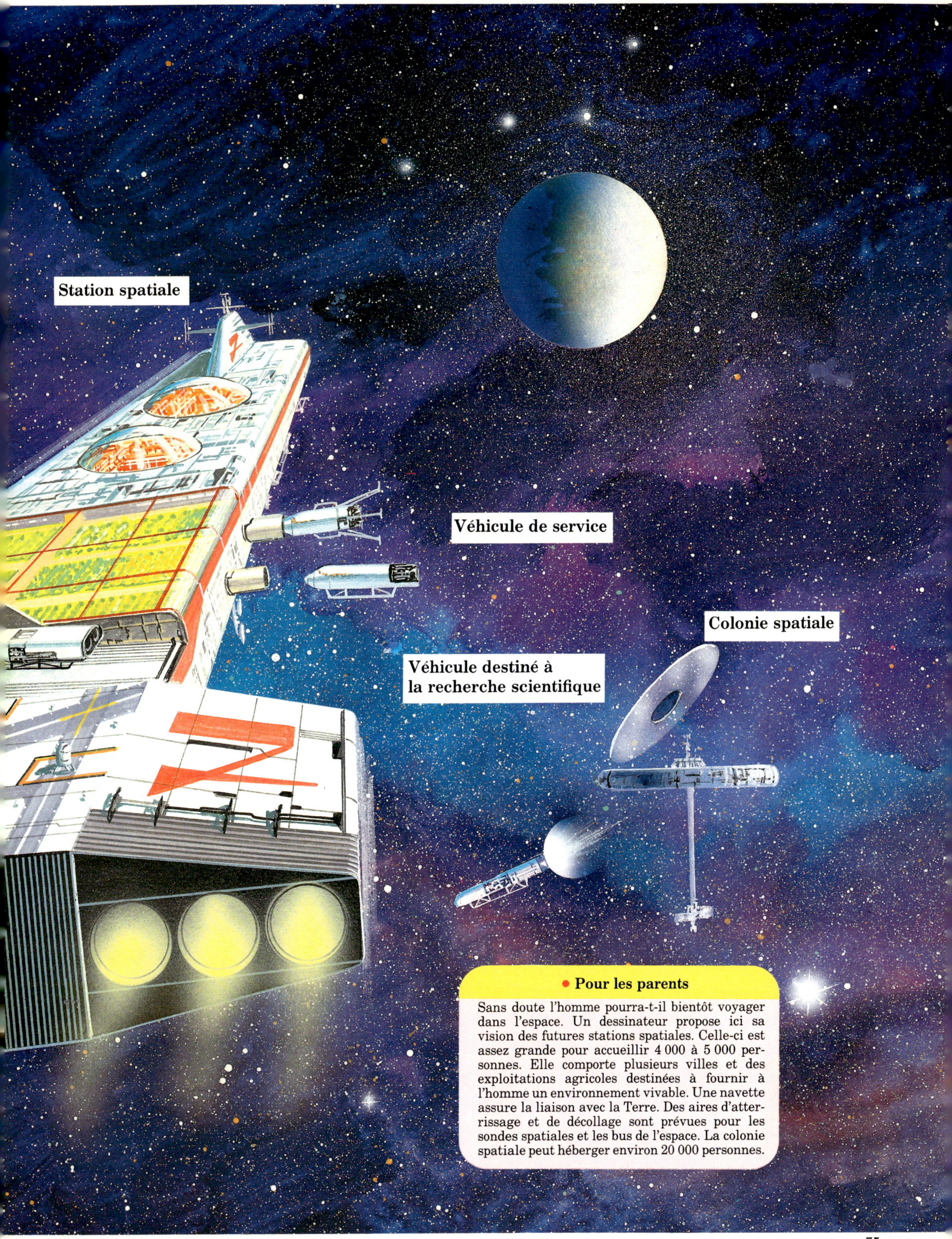

• Pour les parents

Sans doute l'homme pourra-t-il bientôt voyager dans l'espace. Un dessinateur propose ici sa vision des futures stations spatiales. Celle-ci est assez grande pour accueillir 4 000 à 5 000 personnes. Elle comporte plusieurs villes et des exploitations agricoles destinées à fournir à l'homme un environnement vivable. Une navette assure la liaison avec la Terre. Des aires d'atterrissage et de décollage sont prévues pour les sondes spatiales et les bus de l'espace. La colonie spatiale peut héberger environ 20 000 personnes.

Un véhicule peut-il en transporter un autre?

RÉPONSE Normalement un véhicule sert à transporter des personnes ou des marchandises. Mais certains d'entre eux sont utilisés pour transporter d'autres véhicules.

L'avion à réaction et la navette spatiale
Quand la navette spatiale américaine revient sur terre, elle se pose en Californie. Un gros avion à réaction la transporte ensuite sur son dos, jusqu'en Floride où elle est à nouveau lancée dans l'espace.

L'hélicoptère et le camion
Les hélicoptères transportent les camions dans les endroits non accessibles.

La locomotive et le train
Ce train sort tout juste de l'usine. Sa motrice n'a pas encore où été mise en marche, et il se fait tracter par une autre locomotive.

Pour les parents

Ces images insolites montrent des véhicules qui se tirent ou se portent entre eux. Elles permettent de comparer les possibilités et les limites respectives des moyens de transport considérés. Certaines nous révèlent des situations assez amusantes. Ainsi, qui aurait imaginé qu'un chauffeur de poids lourd puisse «conduire» un train? La photographie de la navette a été prise lors d'un essai.

▲ **Le semi-remorque et le train à grande vitesse.**
Ce train à grande vitesse japonais a des roues trop écartées pour pouvoir rouler sur les voies ferrées normales.
Un camion le transporte sur sa ligne de chemin de fer.

▲ **La montgolfière et le deltaplane.**
Une montgolfière transporte ce deltaplane
à une hauteur d'où il pourra voler
tout seul en se laissant pousser par le vent.

▲ **Le semi-remorque et le voilier.**
Un gros camion transporte un voilier au bord de la mer.
Le bateau est bien calé sur une remorque construite spécialement.

▲ **La voiture et le planeur.**
Les planeurs n'ont pas de moteur. Il faut les tirer
pour leur donner la vitesse nécessaire au décollage.
Cette voiture va tirer le planeur à l'aide d'une grosse corde.

Qu'est-ce que c'est?

Un bateau anti-marée noire

Cet étrange bateau semble hésiter entre deux directions. En fait, il s'est ouvert en deux et va se refermer en ramassant au passage le mazout ou le pétrole déversé dans la mer. Une fois refermé, il ressemblera à un bateau normal, comme le montre la photo de droite.

Une moto pliante

Cette petite moto se case aisément dans le coffre d'une voiture.
Son siège et son guidon se replient à l'intérieur de sa carrosserie.

Un train hérisson

Ce train hérissé de pointes transporte les ouvriers qui construisent un tunnel.
Les pointes permettent de vérifier qu'il y a assez de place sous le tunnel pour le passage des trains.

La mini-voiture

Cette voiture ne peut contenir qu'une personne. Elle est très pratique en ville parce qu'elle ne consomme que peu d'essence et se gare très facilement.

Et ça ?

Un avion à pédales

C'est un avion qui utilise l'énergie de l'homme : son pilote pédale pour faire tourner l'hélice. Il est très léger et possède des ailes immenses.

Une voiture anti-gaspi

Il existe des courses automobiles où le vainqueur est celui qui a parcouru le plus de kilomètres en consommant le moins d'essence. Les voitures qui y participent sont très légères. Leurs roues sont fines et leur forme pointue.

L'album de ....

Lesquels connaît-il?

Voici un certain nombre de moyens de locomotion. Mettez une croix en face de ceux que votre enfant a déjà utilisés et notez l'âge qu'il avait la première fois, ainsi que la date et vos commentaires sur ses réactions.

Landau ☐

Tricycle ☐

Bicyclette ☐

Autobus ☐

Voiture ☐

Taxi ☐

Train rapide ☐

Train ordinaire ☐

Ces jours-là:

Funiculaire

Téléphérique

Avion

Hydrofoil

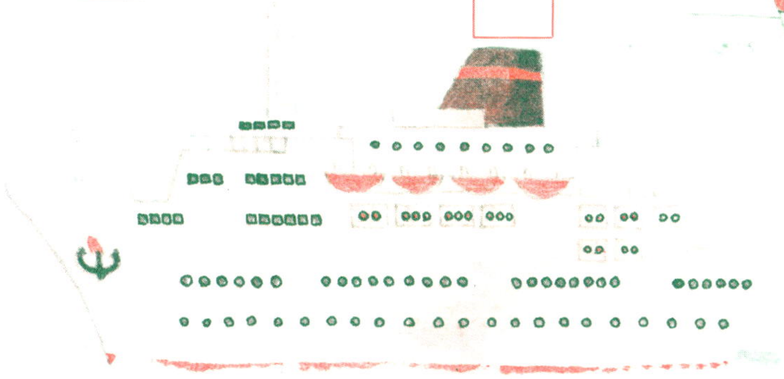

Paquebot

Aéroglisseur

Métro

Monorail

■ Il connaît aussi :

Son premier vrai voyage

Quand votre enfant a-t-il fait son premier grand voyage et comment s'est-il déplacé? Quelles ont été ses premières réactions? Si vous voulez en garder un souvenir précis, collez sur ces deux pages: des photos prises alors, ses billets de train, d'avion, ou autres, ses tickets d'entrée à des spectacles ou dans des parcs d'attractions, ceux de ses excursions, etc.; et décrivez brièvement ses réactions ou notez ses récits.

Collez vos souvenirs ici

Collez vos souvenirs ici

Sait-il les reconnaître?

Tous ces véhicules sont des vantards! Alors, à votre enfant de reconnaître lequel déclare quoi! Lisez-lui l'une des phrases suivantes, numérotées de 1 à 7 — chacune correspondant à l'un des sept véhicules représentés — et demandez-lui de mettre son doigt sur celui qui est censé être en train de parler; puis faites-le l'appeler par son nom.

1. **Je suis rouge des pieds à la tête, et j'ai une sirène si impressionnante que, dès qu'elles m'entendent, toutes les voitures s'arrêtent pour me laisser passer.**

2. **Moi aussi, j'ai une sirène, mais je suis blanche avec des vitres opaques et une lumière bleue qui clignote sur mon toit.**

3. **Je suis le plus fort de tous, car je suis le seul à pouvoir déplacer des montagnes de terre.**

4. À chaque voyage, je transporte une quantité impressionnante de passagers.

5. La benne qui est sur mon dos peut se lever pour vider où elle le veut le chargement de terre et de pierres qu'elle contient.

6. J'ai sur le dos une énorme cuve qui ne s'arrête jamais de tourner.

7. Je peux porter à des hauteurs incroyables des poids très très lourds.

Combien en a-t-il trouvé?
1. Voiture de pompiers
2. Ambulance
3. Bulldozer
4. Autobus
5. Camion-benne
6. Bétonnière
7. Grue mobile

Les enfants découvrent...

les moyens de locomotion

ISBN: 2-7344-0449-4

Composé par Photocompo Center, Bruxelles, Belgique.
Imprimé par GEA, Milan, Italie.
Relié par GEP, Crémone, Italie.
Dépôt légal: décembre 1988.

COORDINATION DE L'ÉDITION:
International Editorial Services Inc.
Tokyo, Japon
C.E. Berry, Miki Ishii, Kim Bolitho,
Edwin Causa

ÉDITION EUROPÉENNE:
Gillian Moore, Ed Skyner, Ilse Gray
Fabrication:
Maureen Kelly, Samantha Hill
Consultant:
Andy Gutelle

ÉDITION FRANÇAISE:
Dominique Aubert
Composition:
John Booly, Paulette Poussin

Traduit de l'anglais par:
Jeanne Bouniort

Titre original: *Wheels & Wings*

TIME
LIFE
JEUNESSE